AF460766

862

LE

BEAU LÉANDRE

COMÉDIE

Représentée pour la première fois, a Paris, sur le théâtre du VAUDEVILLE
le 27 septembre 1856

LAGNY. — Imp. de A. VARIGAULT.

LE
BEAU LÉANDRE

COMÉDIE EN UN ACTE, EN VERS

PAR

THÉODORE DE BANVILLE & SIRAUDIN

NOUVELLE ÉDITION

PARIS
MICHEL LÉVY FRÈRES, LIBRAIRES ÉDITEURS
RUE VIVIENNE, 2 BIS, ET BOULEVARD DES ITALIENS, 15
A LA LIBRAIRIE NOUVELLE

1868

PERSONNAGES.

ORGON, vieux bourgeois vicieux.............	M. Chaumont.
COLOMBINE, sa fille, jeune demoiselle coquette.	Mlle Amédine Luther
LÉANDRE, chevalier d'industrie, amant de Colombine	M. Geoffroy.

La scène est à Paris vers 1720.

Les auteurs de cette bluette ont été merveilleusement devinés et compris par les directeurs, par les artistes et par le public du théâtre du Vaudeville.

Comme ils voulaient faire non pas une homélie à la mode en l'honneur des vertus modestes, mais une farce ou comédie comique, ils ont cru devoir l'écrire en vers comiques. Ceci paraîtrait naïf si l'on ne connaissait pas ce nouveau genre de chefs-d'œuvre, dialogués en vers ternes et incolores qui pourraient s'appliquer indifféremment à la tragédie, à la comédie bourgeoise, ou à la théorie de l'école de peloton. Dans cet admirable modèle *Les Plaideurs*, comme dans certaines parties du *Lutrin*, le vers est essentiellement bouffon par lui-même, indépendamment de la situation à laquelle il s'applique. L'arrangement des mots, la vivacité des images, la hardiesse imprévue des tournures, le luxe et la prestesse de la Rime concourent sans repos à exciter le rire. Ainsi le voulait encore la poésie moderne avant l'invention du *bon sens*.

Les poemes satiriques de Byron, le quatrième acte de *Ruy-Blas*, les strophes aristophanesques de Henri Heine nous enseignent ce langage prestigieux où la Rime éblouit, ruisselle et flamboie comme l'éclair d'une épée hardie. Rajeunie et renouvelée tout entière par l'homme de génie qui en a réuni et fécondé les éléments anciens, notre langue poétique se drête aujourd'hui à tout ce qu'on veut d'elle; mais elle est pareille à tous les dieux, il faut l'aimer, la connaître et la servir. Après nos conquêtes magnifiques, de prétendus poëtes font encore parler leurs personnages comme Corasmin et comme Odalbert : le public se demande naïvement pourquoi les pièces qu'il écoute sont en vers plutôt qu'en prose; les soi-disant connaisseurs haussent les épaules et prennent en pitié tant d'ignorance; eh bien! cette fois encore, c'est le public qui a raison.

Les rimes, on l'a dit, doivent être millionnaires; tant pis pour ceux qui espèrent remplacer les diamants par des morceaux de cristal incolore. La Muse ne peut pas porter de ces joyaux économiques : elle s'enfuit avec son pas agile, et laisse ses amoureux avares étaler leurs verroteries sur un mannequin.

Les auteurs du *Beau Léandre* ont tâché de payer comptant, et leurs associés ne leur ont pas fait faire faillite. Ils ont donné à leurs interprètes des vers *rimés*, et leurs interprètes n'ont pas rendu de la prose au public : bel exemple digne d'être suivi dans les grandes maisons!

Le vrai peut quelquefois n'être pas très-vraisemblable, et la réalité peut aussi ne pas être réaliste. Malgré son habit de soie et son manteau chatoyant, vous reconnaissez Léandre! Il est vivant à côté de nous; vous l'avez rencontré mille fois chez Tortoni, au balcon de l'Opéra, dans le boudoir de Marco et chez Cidalise! Qui n'a pas coudoyé ce monstre au visage séduisant? Il cache l'âme de Gobseck dans la poitrine de Chérubin. Il calcule en usurier, mais il s'est fait femme pour dompter les femmes. Il a comme elles la beauté, la gentillesse, l'afféterie, à volonté l'évanouissement et les larmes, tout l'arsenal de sa grand'mère Ève, et il fait manger aux Adams femelles des paniers de pommes qui leur coûtent cher : quand le panier est vide, les paradis terrestres s'en vont rue Drouot ! Un tout jeune artiste, M. Geoffroy, a traduit ce caractère avec toutes les ressources du talent le plus ingénieux et le mieux inspiré. Il est entré résolument dans la poésie de la vérité; il a été horrible et charmant comme son personnage. Le public avait envie de l'embrasser et de le tuer : en attendant, il l'a applaudi de toutes ses forces, comme c'était justice.

M. Chaumont, costumé d'une manière magistrale, avec un habit coupé il y a deux siècles, a joué Orgon en comédien qui a vécu dix années dans la familiarité de Molière, de Regnard et de Marivaux; il a atteint la perfection même. Quant à mademoiselle Amédine Luther, elle n'est pas une jeune femme gracieuse, elle est la grâce même de la jeunesse. Et, comme le dit le livret :

Ses cheveux sont d'or pur ainsi qu'aux séraphines!

Les auteurs regardent tomber de sa bouche des perles fines et des pierres précieuses, et ils savent bien qu'ils n'ont jamais possédé de pareilles richesses ; mais ces jolies lèvres sont fées et donnent à tout ce qu'elles touchent un prix inestimable.

Il faudrait surtout remercier ici la direction du théâtre du Vaudeville, qui a prodigué aux auteurs du *Beau Léandre* l'accueil sympathique, les bons conseils, les soins intelligents, et tant de belles étoffes! mais le remerciement ne resterait-il pas toujours au-dessous du service rendu?

aris, le 27 septembre 1856.

LE
BEAU LÉANDRE

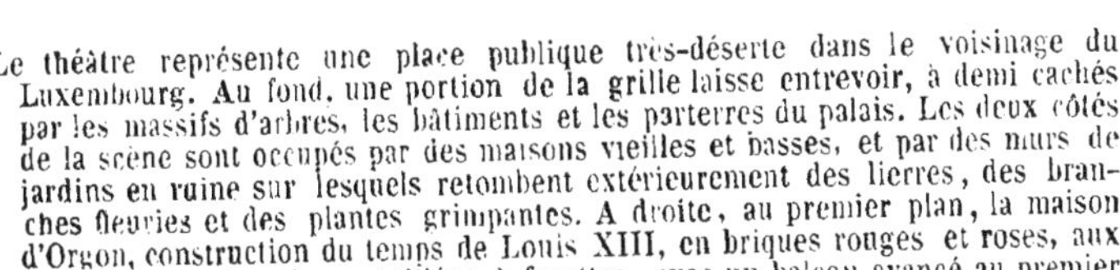

Le théâtre représente une place publique très-déserte dans le voisinage du Luxembourg. Au fond, une portion de la grille laisse entrevoir, à demi cachés par les massifs d'arbres, les bâtiments et les parterres du palais. Les deux côtés de la scène sont occupés par des maisons vieilles et basses, et par des murs de jardins en ruine sur lesquels retombent extérieurement des lierres, des branches fleuries et des plantes grimpantes. A droite, au premier plan, la maison d'Orgon, construction du temps de Louis XIII, en briques rouges et roses, aux encadrements de pierres taillées à facettes, avec un balcon avancé au premier étage. Au second plan, le mur du jardin, tout couvert de feuillages, et protégé par une borne. Au premier plan, à gauche, un banc de marbre à demi brisé. Le haut des toits s'éclaire peu à peu, le soleil vient de se lever.

—

SCÈNE PREMIÈRE.

LÉANDRE, paraît au fond, fait en sautillant le tour du théâtre, puis s'arrête devant la maison d'Orgon en lançant des regards passionnés, et, arrivé sur le devant de la scène, déclame avec enthousiasme les premiers vers.

Amour, petit archer, fabricant de merveilles,
Oiseleur matinal, oui, c'est toi qui m'éveilles
A cette heure où l'Aurore en les coloriant
Ouvre d'un doigt rosé les huis de l'Orient!

(Se tournant vers la maison d'Orgon.)

Chère maison, salut! c'est ici que respire
Cet astre devant qui le soleil devient pire,
L'étoile de mes yeux et de mon firmament,
Rosier, jardin fleuri, lis, perle et diamant,
Fuseau qui de mes jours dévide la bobine,
Cette délicieuse et jeune Colombine!
Tudieu! le beau minois! Quel grand œil bien fendu!
Quelle dent blanche à mordre en plein fruit défendu!
Et ces mains! et les pieds d'enfant! et le corsage,
Luxueux ornement d'une fille encore sage
Ou peut s'en faut! Jamais empereur en gala

N'eut morceau plus friand et ne s'en régala.
Beau Léandre, charmant Léandre, heureux Léandre,
Vous avez, j'en conviens, du bonheur à revendre :
Mais épouser! c'est grave. Aller mettre en un jour
Sur deux fronts de vingt ans, l'éteignoir de l'amour!
Et puis elle n'a pas le sou! Je m'examine :
Je vis de ma tournure et de ma bonne mine,
Seul espoir des fripiers! Serait-il pas fatal
D'aliéner ainsi d'un coup mon capital?
L'amour seul bat monnaie, et l'hymen en détresse
Bat tout au plus de l'aile! Éveillons ma maîtresse.
Mais par quel artifice? Allons, mio caro,
Une idée, un moyen? Casserai-je un carreau?
Non pas. Si je chantais? Ce vieillard colérique,
Orgon arriverait, tenant en main sa trique,
Et chercherait querelle à mes talons! Parbleu!
Je tiens ce qu'il me faut; je vais crier : au feu!
S'il paraît je m'enfuis, je pars comme une bombe,
Sans prévenir, et si c'est ma douce colombe
Qui s'éveille, je reste avec ivresse!

(Remontant la scène, et criant :)

Au feu!
Au feu! tout brûle! au feu! tout va rotir!

SCÈNE II.

LÉANDRE, COLOMBINE, paraissant sur le balcon*.

COLOMBINE.

Mon Dieu!
D'où vient tout ce vacarme?

LÉANDRE, continant à crier.

Au feu!

COLOMBINE, apercevant Léandre.

C'est toi, Léandre!
Quoi! tu n'es pas grillé, brûlé, réduit en cendre!

* L. C.

Mais, s'il te plaît, où donc est le feu?

LÉANDRE.

Dans mon cœur!
Il est bien dans tes yeux! Oui, son foyer vainqueur
De tes prunelles d'or a passé dans mes veines.
Pour calmer sa fureur mes forces furent vaines!

COLOMBINE.

Voyez le bon apôtre!

LÉANDRE.

En vain ce faible cœur
S'est contre tes regards armé de ta rigueur :
Tes refus pour l'éteindre en vain faisaient la chaîne,
Il fut incendié comme du cœur de chêne!

COLOMBINE.

Tu n'es qu'un enjoleur, et je ne te crois pas.
A quand le mariage?

LÉANDRE, feignant le désespoir.

O froids et durs appas!
Cœur de neige fondue!

COLOMBINE.

A quand le mariage?

LÉANDRE, à part.

Elle y tient!
(Haut.)
O des cieux rare et charmant ouvrage,
Fassent un jour mes vœux que nous nous unissions!
Le ciel n'est pas plus pur que mes intentions.

COLOMBINE.

Alors, marions-nous.

LÉANDRE, montant sur le banc pour parler plus commodément.

Ma chère Colombine,
Les destins que pour nous le sort là-haut combine,
Par des astres divers sont tous contrariés,
Et l'on a vu des gens, pour s'être mariés,
Tomber sur leurs vieux jours dans les plus grands désastres.
Songeons-y bien!

COLOMBINE.

Pour moi, je me moque des astres

Et de tes chansons. Point de noces, plus d'amour.

LÉANDRE, redescendant à terre.

Cruelle! laisse-moi te faire un peu ma cour!

COLOMBINE.

Ouais! vos cours mènent loin!

LÉANDRE, tirant son épée.

Si je me désespère,
Je vais...

COLOMBINE, l'interrompant.

Va demander l'agrément de mon père.
J'aime les discours brefs et les plus courts chemins.

LÉANDRE.

Il me refusera!

COLOMBINE.

Je m'en lave les mains.
Fais lui pour l'attendrir quelqu'un de ces beaux contes
Que tu contes si bien! Au revoir.

(Elle ferme sa fenêtre.)

SCÈNE III.

LÉANDRE, seul.

(Il reste un moment tout penaud sous la fenêtre, puis s'avançant sur le devant de la scène.)

Toi, tu comptes
Sans ton hôte! Après tout, si je me mariais?
C'est un grave parti. Certes, je parirais
Que jamais je n'irais à l'île de Cythère
Flanqué de deux témoins assistant un notaire :
Mais aussi que d'écueils au métier des galants!
A piper une dupe et courir les brelans
On a du mal, et tout n'est pas couleur de rose!
Parfois d'une eau suspecte un bourgeois vous arrose,
Et des sergents, dont l'œil sur vos pas se collait,
Au sortir d'un tripot vous happent au collet,
Tandis que Cidalise au milieu du tapage
Fuit à pied dans la crotte en appelant son page.
C'est triste! Colombine a le cœur indulgent :

Elle trouve souvent, très-souvent de l'argent,
Elle est industrieuse et femme de ressource!
Jamais de tant de biens je n'ai connu la source :
Là-dessus comme amant si je fermais les yeux,
Comme mari, je puis les fermer encor mieux.
Mais voici le bonhomme, abordons-le.

SCÈNE IV.

LÉANDRE, ORGON.

ORGON, sortant de chez lui, à lui-même sans voir Léandre.

Mes frusques
Souffrent évidemment de tous mouvements brusques,
Et je m'attends sans cesse à voir dans mon pourpoint
Mille trous assez grands pour y fourrer le poing.
L'étoffe en est malade et me demande grâce.
Comment me procurer une somme assez grasse
Pour remplacer cela, sans bourse délier,
Aux dépens d'un confrère ou de quelque écolier?

(Apercevant Léandre.)

Ah! Léandre! Évitons-le, il fut toujours ma plaie.

LÉANDRE, abordant Orgon.

Salut, seigneur Orgon *!

ORGON, feignant de ne pas le reconnaître.

Je n'ai pas de monnaie.
Je ne donne jamais aux pauvres.

LÉANDRE.

Vous riez?

ORGON, même jeu **.

Dans la semaine rien, ni les jours fériés
Non plus.

LÉANDRE, insistant.

Seigneur Orgon, l'entêtement est rare
Je viens ici...

ORGON.

Chansons.

* O. L.
** L. O.

LÉANDRE.

Vous saluer!

ORGON.

Tarare.

LÉANDRE.

Un seul mot!

ORGON.

Point d'affaire.

LÉANDRE.

Il faut cependant...

ORGON.

Non.

LÉANDRE.

J'aurais voulu...

ORGON.

Nenni.

LÉANDRE, criant.

Mais écoutez mon nom!
Je suis Léandre!

ORGON, feignant de le reconnaître, et avec bonhomie.

Ah! ah! c'est toi, mon cher Léandre!
Je t'avais pris d'abord, je ne puis m'en défendre,
Pour quelque tirelaine.

LÉANDRE.

Ah! vous êtes trop bon!

ORGON.

Que me veux-tu?

LÉANDRE, à part.

Tâchons d'adoucir le barbon.
(Haut.)
Vraiment, vous vous portez comme un lis!

ORGON.

Je me porte
Comme un homme qui prend le frais devant sa porte,
Et tu me fais l'effet de te porter aussi
A ravir. Tu n'as plus besoin de moi? Merci.
Adieu.

LÉANDRE, le retenant par le bras, avec emphase.

J'aime un objet incomparable et rare!
Il éblouit la terre; et l'empyrée avare
Regrettant ce chef-d'œuvre, aux comètes pareil,
Des yeux de ma déesse écarte le soleil.
Il n'ose pas d'ailleurs les regarder en face!

ORGON, voulant toujours s'en aller.

Il montrera son dos; que veux-tu que j'y fasse?

LÉANDRE, le retenant.

Son front semble à le voir la nacre de la mer
Née avec Cythérée au fond du gouffre amer;
Ses cheveux sont d'or pur ainsi qu'aux séraphines:
Nul paradis ne peut avec des perles fines
Lutter contre ses dents, si ce n'est Visapour,
Et la mer Rouge enfin, n'aurait pas suffi pour
Fournir en mille fois les coraux de sa lèvre!

ORGON.

Alors, mon cher, il faut la porter chez l'orfévre;
Il peut, en ce cas-là, t'en donner un bon prix.

LÉANDRE.

Celle que j'idolâtre et dont je suis épris,
En qui tant de splendeur et de mérite brille...
Parlons à cœur ouvert, vous avez une fille?

ORGON.

Non, je n'en eus jamais.

LÉANDRE.

Mais si, vous en avez
Une.

ORGON.

Mais non.

LÉANDRE.

Mais si.

ORGON.

Mais non, vous m'énervez.
Je n'en ai pas; et comme en ce lieu je lambine,
Adieu.

LÉANDRE.

Mais si.

ORGON.

Mais non.

LÉANDRE*.

Vous avez Colombine.

ORGON.

Eh bien ! oui, je l'avoue, en m'en réjouissant,
Léandre, mon ami, Colombine est mon sang,
Bien qu'elle aime à courir, et qu'elle me taquine.
Ma défunte, qui certe était une coquine,
Dans un jour de franchise, ou plutôt de remords,
Me dit : Dieu veuille avoir son âme chez les morts !
Que de tous mes enfants, Colombe était la seule
Dont ma mère à coup sûr pût se dire l'aïeule.

LÉANDRE.

Nous voyons arriver. même aux gens les plus forts,
Ces choses-là.

ORGON.

J'ai mis tous les autres dehors,
Et j'ai gardé chez moi cette enfant de ma femme
Et de moi. Son aspect épanouit mon âme.
Elle cuisine mieux que tous vos marmitons,
Me fabrique d'un rien d'excellents mirotons,
Et repasse à ravir les jabots de son père.
Or, comme son bonheur est tout ce que j'espère,
Qu'elle est bien en couleur, qu'elle a le pied mignon,
L'œil vif, et les cheveux fort épais au chignon,
Je te déclare ici, sans parole confuse,
Que tu n'es point son fait, et, je te la refuse.
Va-t'en, tire d'ici tes grègues !

LÉANDRE, s'agenouillant.

Cher Orgon,
J'embrasse vos genoux !

* O. L.

ORGON *.

Laissons-là ce jargon,
Tire-les.

LÉANDRE.

Cœur de roc, père trois fois barbare,
Plus dur que le granit et que le fer en barre,
Que me reprochez-vous?

ORGON.

Tu hantes les croupiers.

LÉANDRE.

C'est un tic.

ORGON.

Tu seras pendu.

LÉANDRE.

Moi! par les pieds
Ou par la tête?

ORGON.

On sait tes façons meurtrières;
Le long du Marché-Neuf, tu cours les verdurières.

LÉANDRE.

Seigneur, accordez-moi l'objet qui m'est si cher
Je veux me ranger!

ORGON.

Oui, dans quelque port de mer.
Tu n'auras pas ma fille.

LÉANDRE, *tirant son épée, tragiquement.*

O formidable épée,
Lame de mes aïeux, dans tant de sang trempée,
Toi qui luttais de rage avec les aquilons,
Appui de l'innocence, effroi des cœurs félons,
O toi par qui le Turc pourrait se voir soumettre,
Plonge-toi sans remords dans le flanc de ton maître,
Comme en celui d'une hydre, ou bien d'un noir dragon!
Ce n'est pas toi, d'ailleurs, c'est le barbare Orgon
Qui tranche par ton fer le fuseau de ma vie.
Montre par mon trépas sa fureur assouvie,

* L. O.

Ou pour cet attentat trop loyale en effet,
Si ta candeur hésite auprès d'un tel forfait,
Je m'en vais de ce pas chercher ma carabine !

ORGON.

Que diantre veux-tu faire aussi de Colombine?

LÉANDRE.

Le charme de mes yeux, le pôle de mon cœur,
L'astre qui me subjugue à son rayon vainqueur,
Le tyran adorable à qui je dis : Ordonne,
Moi, j'obéis.

ORGON.

Pour dot, sais-tu ce que je donne ?

LÉANDRE.

Non.

ORGON.

Aimes-tu la terre ou bien l'argent comptant ?

LÉANDRE.

L'un et l'autre a de quoi me rendre fort content.

ORGON.

La monnaie est meilleure, étant moins apparente.

LÉANDRE.

Oui, mais la terre aussi n'est pas comme la rente
Variable.

ORGON.

Eh bien ! donc, pour tout dire en un mot,
Je prétends marier Colombine sans dot,
Et tu peux rengaîner ton épée et tes larmes
Pour d'autres amours.

LÉANDRE, à part.

Diantre !

(Haut.)

Épris de ses seuls charmes,
Sachez que je l'adore, et que ma passion
Ne prétend rien de plus que sa possession.

ORGON.

Cela va bien.

LÉANDRE.

Brûlant d'une ardeur sans seconde,

Avec elle mon sort est le plus beau du monde.

ORGON.

As-tu de l'argent?

LÉANDRE.

Non, pas sur moi.

ORGON.

Mais ailleurs
En as-tu?

LÉANDRE.

Moi? J'espère en des destins meilleurs,
Et j'ai vu des papiers dans mes bibliothèques,
Par lesquels tous mes biens sont grevés d'hypothèques.

ORGON.

Que ne le disais-tu tout d'abord? Touche là.

(Mouvement de joie de Léandre.)

Colombine n'est pas pour toi.

LÉANDRE.

Comme voilà
Un obstiné vieillard, bourreau de sa famille!

ORGON.

Parlons raison. Crois-tu que j'aurai fait ma fille,
Que chez une fermière, au fond de l'Angoumois,
Du prix de mes sueurs j'aurai payé ses mois
De nourrice; qu'enfin, de tout soin affranchie,
Je l'aurai bien nourrie, élevée et blanchie,
Et rendue à mes frais belle comme un printemps,
Pour qu'un fat vienne après me la prendre à vingt ans,
Sans restituer rien des sommes déboursées?

LÉANDRE.

Un bon père...

ORGON.

J'entends. Point de billevesées.
Un bon père est assez payé de son amour
Par le bonheur de ceux qui lui durent le jour:
De ce que j'ai donné pour elle, cher Léandre,
Je ne regrette rien, mais je prétends qu'un gendre,
En signant le contrat, m'apporte de l'argent.

LÉANDRE.

Et combien?

ORGON.

Vu qu'au fond je te sais indigent,
Que je te vois gaillard et rose comme un moine,
Et que cette beauté fut ton seul patrimoine;
Vu l'état misérable où toujours tu vécus,
Et pour toi seulement, ce sera cent écus.

(A part, avec malice.)

Cent écus, c'est le trait qu'ici je lui décoche.

LÉANDRE, épouvanté.

Cent écus! Faut-il donc dévaliser le coche
D'Auxerre?

ORGON.

Sans croquer plus longtemps le marmot,
Séparons-nous ici, voilà mon dernier mot:
Cent écus trébuchants, ou bien pas d'hyménée.

LÉANDRE.

Cent écus!

ORGON.

Cent écus.

(Orgon feint de partir, il va jusqu'à sa porte, puis revient.)

LÉANDRE.

O fatale journée!
Où trouver sur la terre un pareil galion?
Il pourrait aussi bien vouloir un million,
Ou bien me demander la gabelle et son coffre.
Que faire?

ORGON, revenant.

Eh bien! as-tu pesé ce que je t'offre?

LÉANDRE, hésitant.

Seigneur...

ORGON.

C'est cent écus seulement qu'il me faut,
Cent écus, cent écus.

LÉANDRE, prenant violemment son parti.

Vous les aurez tantôt.

ORGON.

A te revoir.

(A part.)

Je fais une excellente affaire.

(Il rentre dans sa maison.)

SCÈNE V.

LÉANDRE.

Sous quel dôme céleste et dans quel hémisphère
Décrocher d'un seul coup ce brelan de soleils?
Quel obscur souterrain contient des sacs pareils?
Cent écus ne sauraient se trouver sous la queue
D'une cavale! A qui, dessous la voûte bleue,
Demander ce pactole, ou pourraient, j'en réponds,
Naviguer aisément des vaisseaux à trois ponts?
A ma famille? Si j'en ai, je n'en ai guère.
Enfant du régiment, je naquis à la guerre
Sous les drapeaux épars du colonel Amour.
A mes amis? Autant taper sur un tambour,
Ou chercher sur les toits des fleurs épanouies.
Les amis sont des gens pareils aux parapluies :
On ne les a jamais sous la main quand il pleut.
Puisque de mes ennuis Colombine s'émeut,
Et que pour moi jamais elle ne fut rebelle,
Je pourrais demander la somme à cette belle.
Je ne fus point ingrat pour son argent défunt :
Si je le lui prouvais par un nouvel emprunt?
Oui, mais, honnêtement, se peut-il que je m'aille
Mettre à lui dire : « Orgon est un vieux pince-maille
Qui troque tout au plus trésor contre trésor;
Prêtez-moi ce gâteau fait de farine d'or
Pour que je le lui jette, et que je vous épouse! »
Non. Autre tour heureux? Faisons à ma jalouse
La surprise, ma foi, je m'en sens démanger,
D'avoir l'argent pour elle, et puis de le manger.
Celui-là, ne vaut rien, je n'aurais pas la femme.

Mais j'aurais cent écus, et pour une belle âme
Cent écus sont jolis à voir, en les mangeant

SCÈNE VI.

LÉANDRE, COLOMBINE.

COLOMBINE, entrant gaiement *.

Bonjour mon chevalier!

LÉANDRE, à part.

Te voilà, mon argent!

(Il va s'asseoir sur le banc, et cache sa tête dans ses mains en donnant les signes du plus violent désespoir.)

COLOMBINE, voulant faire admirer sa parure à Léandre.

Me trouves-tu gentille?

(Léandre reste immobile.)

Allons, qu'on me sourie!
Ce matin, ce n'était que pure espiéglerie
Si je t'ai rudoyé! Dites-moi, mes amours,
Votre chanson nouvelle! Aime-t-on bien toujours
Sa petite Colombe?

LÉANDRE, tragiquement.

O sombre destinée!

COLOMBINE.

Quoi! tu penses encore à cette matinée?
Je riais, je te dis!

LÉANDRE **.

O malheur imprévu!
Sort affreux! coup fatal!

COLOMBINE.

Qu'est-ce donc? As-tu vu
Mon père?

LÉANDRE, comme un homme qui répète machinalement sans comprendre.

Votre père?

* L. C.
** C. L.

SCÈNE VI.

COLOMBINE.

Eh ! oui, je suis gourmande.
De nouvelles ! A-t-il accueilli ta demande ?

LÉANDRE.

J'ai bien pour le moment d'autres chiens à fouetter.
Hélas !

COLOMBINE.

Qu'as-tu pour geindre et pour pirouetter
De la sorte ?

LÉANDRE, avec une profonde mélancolie.

Le sage a bien raison de dire
Que la vie ici-bas est comme un long martyre,
Et nous cache un abîme en ses chemins frayés.

(Criant d'une façon terrible.)

Un affreux abîme !

COLOMBINE.

Ah ! mon Dieu ! vous m'effrayez !
Qu'avez-vous ?

LÉANDRE, d'un air sombre.

Je possède un frère dans le monde.

COLOMBINE.

Je l'ignorais.

LÉANDRE.

Hélas ! charmante tête blonde !
Un frère que j'aimais comme mes yeux... bien plus !

COLOMBINE.

Il est mort ?

LÉANDRE, très-tranquillement.

Non.

(Avec exaltation.)

O deuil ! ô regrets superflus !
Ainsi que sont unis la poignée et le glaive,
Les doigts avec la main, nous l'étions !

COLOMBINE.

Ciel ! achève.

LÉANDRE.

Je ne sais à quoi tient que dans le fond du puits
Je n'aille me jeter !

COLOMBINE.

Mais dis-moi...

LÉANDRE.

Je ne puis.

COLOMBINE.

Ce frère...

LÉANDRE.

Plut aux dieux qu'il eût pu ne pas l'être !
Un ami sûr m'apprend son tort dans cette lettre

(Il feint de chercher, en retournant toutes ses poches, une lettre qu'il ne trouve pas.)

Que mes pleurs ont mouillée !

COLOMBINE.

Eh bien ?

LÉANDRE.

Le malheureux
Habitait dans Antibe. Il était amoureux.
Antibe est une ville étrange et surannée,
Que baigne en son azur la Méditerranée,
Un port de mer. Un jour que, loin de tous les siens,
Dans un esquif suivi par des musiciens,
Il allait promener sur la mer sa maîtresse,
(La fraîcheur de la nuit enchantait leur paresse,)
Au loin on voyait fuir dans les cieux étoilés
Le rivage, et tous deux par un rideau voilés,
Comme ils en admiraient les contours pittoresques,
Des corsaires venus des États barbaresques...

COLOMBINE.

On l'a fait prisonnier?

LÉANDRE.

Justement.

(A part.)

Le moyen
Est adroit et surtout nouveau, mais est-il rien
A quoi d'abord un cœur aveuglé ne consente ?

(Haut et déclamant.)

Mon pauvre neveu pleure et sa patrie absente

L'appelle en vain! hélas! cher neveu!

COLOMBINE.

Quel neveu?

Je croyais que c'était votre frère?

LÉANDRE.

Parbleu!

Non, c'est mon neveu.

COLOMBINE.

Bon.

LÉANDRE.

Ah! les forbans! quel crime!

Le malheur c'est qu'ils ont emmené leur victime

A Tunis, j'imagine, ou dans un port voisin :

Or, ils ne veulent pas relâcher mon cousin,

Qui perdit par surcroît un œil dans la bagare...

COLOMBINE.

Vous disiez un neveu.

LÉANDRE.

Moi? la douleur m'égare

A ce point, que j'oublie en mon trouble apparent

A quel degré le pauvre... Octave est mon parent.

Mais comme le récit exact de ses misères

M'a touché!

COLOMBINE.

Je le crois!

LÉANDRE.

Se voir par des corsaires

Traité plus durement que chez les Algonquins!

COLOMBINE.

Quoi donc, l'ont-ils battu?

LÉANDRE.

Sans pitié. Ces requins...

(Cherchant dans ses poches.)

J'ai la lettre; que diable est-elle devenue?...

Lui font scier du bois sur une roche nue..

COLOMBINE.

Sur une roche!

LÉANDRE.

Eh oui!

COLOMBINE.

La barbare façon!

LÉANDRE.

Et ne le veulent pas renvoyer sans rançon.
Enfin, si je n'ai pas cent écus dans une heure
Pour ramener ici le neveu que je pleure;
S'il faut que sans secours il périsse là-bas
Sous le bâton d'un Turc...

COLOMBINE.

Il ne périra pas!
Compte sur ton amie en ce péril extrême.
Quand te faut-il les cent écus?

LÉANDRE.

A l'heure même.

COLOMBINE.

Eh bien! rassure-toi, tu les auras.

LÉANDRE, feignant de ne pas avoir entendu.

S'il faut
Qu'ainsi ma loyauté soit surprise en défaut,
Malgré mes feux, cherchant le trépas que je brave,
Aux bords tunisiens j'irai rejoindre Octave,
Et tous les deux perdus...

COLOMBINE.

Non, tous les deux sauvés!
Reviens dans un instant.

LÉANDRE.

Tu l'exiges?

COLOMBINE, lui tendant la main.

Vivez!

LÉANDRE, baisant la main de Colombine.

Pour vous seule!
(Avec emphase.)
Quoiqu'il arrive ou qu'il advienne *!
(Il sort.)

* Quoi qu'il advienne ou qu'il arrive. (M. Scribe, *les Huguenots*, acte III, scène IV.)

SCÈNE VII.

COLOMBINE, puis ORGON

COLOMBINE.

Ah! mon père me gourme et m'appelle vaurienne
Si je prends les cadeaux des dénicheurs d'amour
Lorsqu'ils m'ont reluquée et qu'ils me font la cour!
Ma foi, nous n'aurons plus ensemble de bisbille :
J'espère qu'à présent je suis honnête fille,
Car je n'accepte rien cette fois d'un amant,
Je lui donne au contraire, et je pense vraiment
Que d'une vertueuse et sage demoiselle
C'est là le fait. Mais vite, il faut montrer mon zèle
Mon père vient! Toujours il cède en enrageant :
Il faut que je le tâte au sujet de l'argent.

(A Orgon qui s'est avancé et qui se trouve près d'elle*.)

Comme vous vous portez aujourd'hui, petit père!

ORGON.

Oui.

COLOMBINE.

Vous vivrez au moins deux cents ans!

ORGON.

Je l'espère.

COLOMBINE.

Que diriez-vous, au fond vous êtes obligeant,
Si j'essayais... de vous emprunter de l'argent?

ORGON.

Lorsqu'aux joueurs fameux voulant faire une niche,
En poursuivant sa belle un amoureux caniche
Se jette au beau milieu d'un jeu de cochonnet,
Comment le reçoit-on?

COLOMBINE, arrangeant les cheveux d'Orgon.

Si l'on vous bichonnait?
Fi! les vilains cheveux!

ORGON.

Aucun bal ne s'apprête.
Je me trouve charmant, et jamais je ne prête.

COLOMBINE.

Alors, donnez-moi? Cent écus?

ORGON.

Le beau fuseau
Que vous filez! J'irais engraisser le museau
D'un bravache! Rayez cet espoir de vos livres.
Je ne donnerai pas un écu de six livres.

COLOMBINE, gaiement.

Oh! que si!

ORGON.

Pas cinq sous. Retenez bien cela.

COLOMBINE, s'exaltant.

Dans le jardin je sais de l'argent qu'on céla,
J'irai le déterrer.

ORGON.

Épargne-t'en la peine.
Je l'ai mis prudemment sous serrure, et le pène
Est fort solide.

COLOMBINE.

Bon! vous n'êtes pas donneur
Mais si je vous disais qu'il s'agit là d'honneur,
Et que, pour cent écus, celui de votre fille
Est en danger?

ORGON.

Je suis bon père de famille.
En toi je vois revivre et mon sang et ma chair,
Je fais de ton honneur mon souci le plus cher,
J'y tiens mille fois plus qu'à ma vie, et le prouve!
Mais je tiens plus encore à cent écus.

COLOMBINE.

On trouve
Cent écus!

ORGON.

A coup sûr, pour en faire un remploi.
On les trouve, mais on les garde.

COLOMBINE.

Écoutez-moi!

Au lieu d'être mon père, enfin...

ORGON.

Quelque chimère!

COLOMBINE.

Le ciel vous aurait pu faire naître ma mère,
Et vous m'auriez portée en votre sein.

ORGON.

Eh bien?

COLOMBINE.

Lorsque je vous dirais : pour si peu, pour un rien
Je perds mon avenir!

ORGON.

Je répondrais que certe,
Ton avenir perdu ce serait une perte.
Mais ma foi, cent écus! Peste du sentiment!

COLOMBINE.

Chaque fois que je veux vous parler gentiment,
Vous cherchez les moyens de me faire une scène :
(Pleurant.)
Eh bien! Monsieur, je vais me jeter dans la Seine!
Oui, je veux me noyer! qui m'en empêchera?
J'y suis bien résolue.

ORGON.

On te repêchera.
Il est des mariniers qui guettent ces aubaines.

COLOMBINE.

Eh bien! vos cheveux blancs verront de mes fredaines.
Papa, je les ferai rougir si je m'y mets!

ORGON.

Mes cheveux sont d'un blanc qui ne rougit jamais.
Jamais!

COLOMBINE.

Ah! c'est ainsi que vous prenez la chose!
Comme si votre enfant chantait *Bouton de Rose!*
Votre femme parfois vous donna des soufflets :
Moi je vous prie, et c'est comme si je soufflais
Dans ma flûte! Sachez que je tiens de ma mère,

Monsieur, et que je suis comme elle une commère.

ORGON.

Je ne le sais que trop. Mais, chut! j'entends des pas,
Tais-toi.

COLOMBINE.

Non, sarpejeu! je ne me tairai pas.
Qui brode vos collets? qui sans espoir de lucre
Bassine votre lit le soir avec du sucre?

ORGON.

Toi, ma fille.

COLOMBINE.

Ah!

ORGON.

Je sais tout ce que je te dois,
Mais...

COLOMBINE.

Qui fait ces ragoûts à s'en lécher les doigts?

ORGON.

Toi-même.

COLOMBINE.

Qui choisit pour vous à la Vallée
Hier, cette oie énorme et si vite avalée?

ORGON.

Elle ne valait pas cent écus!

COLOMBINE.

Croyez-vous?
Qui va jusqu'à Montreuil vous chercher du vin doux?

ORGON.

Tais-toi, l'on me croirait ivrogne!

COLOMBINE.

Je lésine
Pour vous plaire, et vous fais moi-même une cuisine
D'ambassadeur, avec rien que vous me donnez.
Mais que je vous supplie, et vous m'abandonnez
Sans payer seulement les robes que je traîne!

ORGON.

Je veux au jour de l'an te donner quelque étrenne.

COLOMBINE.

Vous n'avez pas compris tout ce que je valais.

ORGON.

Si!

COLOMBINE.

Je vais dès ce jour vous livrer aux valets!

ORGON.

Grâce! ma chère enfant!

COLOMBINE.

Cherchez qui vous mijote!
Ils vous apporteront des plats de la gargotte.

ORGON.

Non!

COLOMBINE.

Des plats où les doigts auront fait des circuits!
Des rôtis calcinés...

ORGON, désolé.

Et des ragoûts pas cuits!

COLOMBINE.

Ils prendront, où l'on fait un commerce qu'empêche
La police, des vins faits de bois de campêche!

ORGON.

Ma petite mignonne!

COLOMBINE.

En vain vous me flattez :
Des bouillons sans couleur et des vins frelatés,
Voilà votre lot.

ORGON, à part avec attendrissement.

Ciel, à qui je rends hommage,
Écarte de mes yeux cette funeste image!

(Haut.)

Colombe, mon trésor, vois-tu, j'ai réfléchi :
Tes raisons et surtout ta grâce m'ont fléchi.
Je m'en vais te donner ton argent.

(Colombine veut parler, Orgon l'interrompt.)

Point d'affaire.
Je ne demande pas ce que tu veux en faire.

COLOMBINE.

Et vous faites fort bien.

ORGON, à part.

Son aplomb m'interdit.

COLOMBINE.

D'autant mieux que jamais je ne vous l'aurais dit.

ORGON, à part.

C'est un grave malheur, mais enfin, sans rien prendre
Chez moi, je donnerai les écus que Léandre
Va m'apporter ici tout à l'heure.

COLOMBINE, à part.

Merci,
Amour! mon Léandre est sauvé!

(Léandre paraît au fond.)

Mais le voici.
Quel bonheur! c'en est fait des périlleux négoces,
Je vois s'ouvrir les fleurs de mon bouquet de noces!

SCÈNE VIII.

COLOMBINE, ORGON, LÉANDRE.

ORGON, apercevant Léandre, à part *.

Il paraît justement, cela n'est pas mauvais.

COLOMBINE, à Orgon, lui tendant la main.

Mon père, donnez-moi les cent écus.

ORGON, à Colombine.

Je vais
Te les donner. .

(Il fait signe à Léandre, qui vient se placer auprès de lui, et lui dit en lui tendant la main.)

Mes cent écus?

LÉANDRE.

Oui, tout de suite.

COLOMBINE, à Orgon, de même.

Eh bien! donnez-les donc.

ORGON, à Colombine.

Oui.

* L. O. C.

(A Léandre.)

Ne prends pas la fuite.

Donne les cent écus.

LÉANDRE, à Orgon.

Sans doute, je les ai !

ORGON, à Léandre.

Allons.

LÉANDRE, à Orgon.

Ne craignez pas au moins d'être lésé.

(Il change de côté, et va se mettre auprès de Colombine, à qui il tend la main.)

Donne l'argent *.

COLOMBINE, à Orgon, tendant la main.

Donnez.

ORGON, qui croit toujours Léandre à côté de lui.

Donne donc.

LÉANDRE, à Colombine.

Allons, donne.

ORGON, même jeu.

Donne.

LÉANDRE, à Colombine.

Donne.

COLOMBINE, à Orgon.

Donnez.

ORGON, éclatant; haut à Léandre, qu'il aperçoit près de Colombine.

Ah çà ! Dieu me pardonne,

Où sont mes cent écus ?

LÉANDRE, haut à Colombine.

Où sont les tiens ?

COLOMBINE, à Orgon.

Où sont

Les vôtres ?

ORGON.

Je m'y perds vraiment ! Qu'est-ce qu'ils ont ?

(Haut à Léandre.)

Ne m'avais-tu pas dit, aussi vrai que je m'aime,

* O. C. L.

Que tu m'apporterais cent écus ici même?

LÉANDRE, haut à Orgon.

Cet argent que je vous promettais...

COLOMBINE, comprenant tout, à Orgon.

Est celui

Que vous me promettiez.

ORGON, montrant Léandre.

Moi, je comptais sur lui!

COLOMBINE, à Léandre.

Ainsi ton frère Octave, Antibe, les corsaires...

LÉANDRE.

C'était pour t'obtenir.

ORGON *.

Vous êtes deux faussaires.
Je devrais, et j'en sens quelque tentation,
Vous donner à tous deux ma malédiction.

COLOMBINE.

Mon père!...

ORGON, à part.

Il n'est que temps de marier ma fille.
Je la sens de mes doigts couler comme une anguille.
(Haut.)
Épousez-vous, l'argent ne fait pas le bonheur.

LÉANDRE, à part **.

Ainsi je me serais marié pour l'honneur!
(Haut à Orgon.)
Tenez, monsieur Orgon, je sais, père modèle,
Ce qu'il vous coûterait de vous séparer d'elle.
D'ailleurs, vous n'aimez pas mes procédés errants.
Vous ne m'estimez guère, allez!
(Jetant Colombine dans les bras d'Orgon.)
Je vous la rends! ***.

ORGON, à Léandre.

Non, amant généreux, tu l'auras, je l'atteste,

* C. O. L.
** O. L. C.
*** C. O. L.

Et son père avec toi ne veut pas être en reste.

(Il jette Colombine dans les bras de Léandre.)

LÉANDRE *.

Gardez-la, mes esprits y sont bien résolus.
Je ne veux pas vous en priver **.

Même jeu avec Colombine dans les bras d'Orgon.)

ORGON, la lui rejetant.

Ni moi non plus.

LÉANDRE, même jeu.

Entre-nous le destin avait mis trop d'espace ***
Je vous la restitue!

ORGON, même jeu.

Et je te la repasse.
La voilà!

LÉANDRE, même jeu.

Vainement vous voulez dépasser
Ma prudhomie!

ORGON, même jeu.

A moi de te la repasser.

COLOMBINE, se dégageant violemment.

Ah! tout beau, s'il vous plaît! C'est un peu trop de zèle.
Vous vous ferez du mal! Suis-je une demoiselle
Qu'on se jette de main en main comme un ballot?
Vous n'y voyez pas clair : prenez votre falot.
Tant de beaux sentiments à mettre en étiquettes!
Suis-je un volant? peut-être, et vous les deux raquettes?

(A Léandre, à part, dans un coin.)

Épouse-moi, Léandre, et quitte le tripot.
Mon père est... non pas est, mais a dans un vieux pot
Des boisseaux de ducats enfouis dessous la terre
Au fond de son jardin. Tu sauras le mystère.
Je tiens les bons endroits.

* O L. C.
** C. O L.
*** O. L. C.

LÉANDRE, la regardant amoureusement.

Je les connais aussi,
Cher amour!

COLOMBINE, à Orgon.

Il consent, et tout est éclairci.

ORGON.

C'est fort bien, j'applaudis à ce rapatriage.
Rien n'est moral au fond comme le mariage
(A part.)
Forcé.

COLOMBINE.

Chacun après des temps plus ou moins longs
Se trouve enfin...

LÉANDRE, avec un soupir.

Heureux!

ORGON, à Léandre, prophétiquement.

Tu le seras!
(Montrant sa maison.)
Allons
Célébrer là-dedans cette aimable hyménée.

COLOMBINE, au public.

Mesdames et Messieurs, la pièce est terminée.
Lorsque la Muse agite avec des rires clairs
La Rime, cette épée aux magiques éclairs,
Et qu'elle vient à vous le front taché de lie,
Ruisselante de pampre et vêtue en Folie,
Souffrez-lui sa gaîté, même en de tels excès,
Car son rire immortel est le bon sens français.

FIN.

NOTES. — MM. les directeurs de province qui désireront monter *le Beau Léandre* devront, sans acception d'emploi, distribuer le rôle de Léandre au comédien qui réunira le mieux les conditions nécessaires pour représenter ce personnage complexe.

Ainsi, Léandre pourra être joué soit par un premier comique (Arnal, Ravel, Gil-Pérès), soit par l'acteur qui tient l'emploi de Fechter et de Laferrière. La jeunesse, la beauté et la chaleur sont avant tout les qualités essentielles. De même, Colombine pourra être jouée, soit par une soubrette Déjazet, soit par une ingénue ou une jeune première de comédie et de drame. Dans la distribution des comédies poétiques, le goût doit être le suprême règle.

Costumes des scènes idéales de Watteau.

ORGON, cheveux tout blancs sous une culotte noire; pas de barbe. Habit et culotte en velours frappé; veste brodée à la main, en soie, sur canevas; bas à fleurs de couleurs naturelles brodées en soie; souliers à grandes boucles d'argent carrées.

COLOMBINE, cheveux blonds, crêpés et séparés en deux bandeaux ramenés sur le sommet de la tête. Boucles d'oreilles en perles demi-longues; toque ornée d'une plume; fraise en collier; robe drapée et flottante, très-décolletée et ouverte sur une autre robe; souliers de satin à talons hauts.

LÉANDRE, cheveux blonds un peu longs; pas de barbe; tricorne aux faces relevées très-haut, en feutre gris-jaune, bordé et orné de rubans violets; la casaque et la culotte en satin orange, avec des nœuds de rubans violets; le manteau en satin violet; fraise et manchettes en batiste plissée à petits plis; bas de soie blancs à coins orange brodés en soie; épée à chaînette et à poignée d'acier taillée en diamants; ceinturon et souliers en cuir naturel; sur les souliers de larges nœuds de rubans violets.

La direction si essentiellement artiste du Vaudeville a voulu emprunter le décor et les costumes à Watteau, ce demi-dieu de la peinture française. Toutefois, *le Beau Léandre* peut être joué sans inconvénient avec les costumes du *Jeu de l'amour et du hasard*, que toutes les troupes ont à leur disposition.

Léandre porterait le costume de *Pasquin*, Orgon celui du *Mon-*

sieur Orgon de Marivaux, et Colombine celui de Lisette au second acte. Dans ce cas, le décor pourrait être le fond de ville ordinaire, et la poésie, si poésie il y a, n'y perdrait rien.

Si l'actrice n'a pas les cheveux blonds de mademoiselle Amédine Luther, ni une de ces perruques de l'inimitable Giovanni que porte si bien mademoiselle Alphonsine, ce vers :

Ses cheveux sont d'or pur ainsi qu'aux séraphines,
(SCÈNE IV, vers 33.)

sera remplacé par celui-ci :

Ses prunelles sont d'or ainsi qu'aux séraphines.

La position des personnages est indiquée par les renvois placés au bas des pages. Toutes les autres indications de mise en scène seront données par le régisseur général du théâtre du Vaudeville, M. Achille, dont la rare intelligence n'a pas peu contribué à traduire clairement et à faire vivre pour le public les scènes du *Beau Léandre*.

(SCÈNE VII, page 25, vers 17.)

Ah! c'est ainsi que vous prenez la chose!
Comme si votre enfant chantait *Bouton de Rose !*

Les auteurs n'ignorent pas que ces paroles de la princesse Constance de Salm ont été mises en musique par Pradher, et que Colombine ne pouvait pas savoir cette chanson-là. Ils ont voulu manifester leur mépris de la couleur locale

FIN.

LAGNY. — Imp. de A. VARIGAULT

www.ingramcontent.com/pod-product-compliance
Ingram Content Group UK Ltd.
Pitfield, Milton Keynes, MK11 3LW, UK
UKHW021043180726
13838UKWH00004B/1973

9 782329 339764